Género Drama

I0806029

Pregunta esencial

¿Qué nos enseñan los mitos?

Hércules y las manzanas de oro

Introducción

Hace mucho tiempo, en todos los pueblos se relataban unas historias llamadas mitos. Los personajes eran dioses y héroes. Los mitos servían en general para explicar los misterios de la naturaleza. *Hércules y las manzanas de oro* es un mito escrito en forma de drama. A medida que los personajes actúan en el escenario, la historia va cobrando vida ante el público.

Personajes

ALDEANO	REY
HÉRCULES	SECRETARIO DEL REY
NEREO	PROMETEO
ATLAS	NINFAS

Primera escena

Un trabajo difícil

Un poderoso héroe de la antigua Grecia se presenta ante el rey. Mientras tanto, un aldeano de las cercanías sale al escenario y se dirige al público.

ALDEANO: ¿Quién no ha oído hablar sobre la fuerza de Hércules? Hace mucho tiempo, Hércules la usó para hacer cosas terribles por una maldición que le había echado la diosa Hera. Cuando se dio cuenta de lo ocurrido, el héroe rogó a los dioses que lo perdonaran. Los dioses le dijeron que solo podría recuperar su honor si llevaba a cabo doce trabajos dificilísimos que le encargaría el rey. Hércules ya había terminado los primeros diez. El rey estaba a punto de decirle en qué consistía el trabajo número once.

REY: La diosa Hera tiene un árbol que da manzanas de oro que brillan. ¡Tráeme tres!

HÉRCULES: Todas las tareas que me diste fueron difíciles. Pero esta es imposible...

ALDEANO: El rey sabía que aquella era una misión prácticamente imposible. Pero sentía tanta envidia de Hércules que quería verlo fracasar.

REY: (*riendo*) ¿Imposible, dices? ¡Qué exagerado! A lo sumo será un *desafío*.

HÉRCULES: Es que las manzanas de Hera son de oro y tienen poderes especiales. La diosa ama a su manzano por encima de todas las cosas. ¡Lo plantó en un jardín secreto que nadie ha encontrado jamás!

REY: (*asintiendo con la cabeza*) Muy cierto. También se dice que el árbol está custodiado por tres ninfas. ¡Y que a sus pies vive un dragón de tres cabezas! Pero tú eres fuerte e inteligente, Hércules. ¡No me cabe duda de que te las ingeniarás!

ALDEANO: ¿Podría Hércules burlar a las ninfas y al dragón? Tal vez sí, con un plan inteligente... ¡Pero ni el mejor de los planes lo ayudaría si no era posible *encontrar* el manzano!

Hércules se marchó temiendo que fracasaría.

SECRETARIO DEL REY: (*saliendo de atrás de un arbusto*) Yo puedo ayudarte, Hércules. ¡Pero no se lo cuentes al rey!

HÉRCULES: ¿Cómo puedes ayudarme?

SECRETARIO DEL REY: (*susurrando*) Busca a Nereo, el viejo del mar. Él sabe dónde está el manzano de Hera.

Segunda escena

El viaje

Hércules llega a la orilla del mar y espera a que Nereo aparezca.

ALDEANO: Hércules deseaba de todo corazón que las palabras del secretario fueran ciertas. Esa era su única posibilidad de averiguar dónde estaba el manzano de Hera.

HÉRCULES: (*hablando para sí mismo*) ¿Qué oyen mis oídos? ¿Será el mismísimo Nereo?

NEREO: (*cantando en la cresta de una ola*) El mar es frío, tenebroso y profundo. El mar guarda todos los secretos del mundo.

HÉRCULES: (*agarrándolo con fuerza*) ¡Ajá, te atrapé! ¡Dime ya mismo dónde están las manzanas doradas de Hera!

ALDEANO: Para tratar de escapar, Nereo comenzó a convertirse en distintos animales. Pero Hércules lo sujetaba con fuerza.

HÉRCULES: (*empecinado*) ¿Te comió la lengua el gato, Nereo? ¡Habla! ¡Dime dónde está ese manzano!

NEREO: (*cantando*) Yo soy Nereo y soy un buen amigo. El secreto de Hera está a salvo conmigo.

ALDEANO: Hércules tenía músculos de acero y no aflojó ni un poquito. Al final, Nereo se dio por vencido y le contó a Hércules el secreto de Hera. Pero Hércules no fue el único en oírlo. También lo oyó el titán Prometeo, que estaba encadenado a una roca cercana.

PROMETEO: (*gimiendo*) ¡Hércules! ¡Ayúdame, te lo ruego!

ALDEANO: Prometeo estaba encadenado a una roca porque había hecho enojar a los dioses. Todos los días venía un águila a picotearlo. Hércules se compadeció de él.

HÉRCULES: (*rompiendo las cadenas*) Ya eres libre, Prometeo.

PROMETEO: En agradecimiento por tu bondad, voy a decirte algo que te salvará la vida. Oí que buscas el árbol de Hera. Pero ten cuidado. Solo un dios puede arrancar esas manzanas sin morir.

HÉRCULES: ¡Gracias por avisarme, Prometeo! Entonces, ¿tú me ayudarás?

PROMETEO: Me encantaría, pero yo no soy un dios. Soy un titán. Tal vez te encuentres con algún dios por el camino.

HÉRCULES: ¡Estaré atento!

ALDEANO: Ahora que sabía dónde estaba el árbol, Hércules había recuperado la esperanza. Sí, es cierto, todavía le faltaba burlar a las tres ninfas y al dragón. Y sí, es cierto, también necesitaba encontrar a un dios que le hiciera el favor de arrancar las manzanas. Pero Hércules era fuerte e inteligente. Y, tal vez, la suerte estaría de su lado.

Tercera escena

Atlas y el engaño

Hércules llega por fin al jardín secreto de Hera. Una suave brisa susurra entre las hojas del manzano. En una colina cercana, Hércules ve a Atlas, el dios que ha sido castigado a cargar el mundo sobre los hombros. Hércules tiene una idea...

HÉRCULES: Atlas, si me consigues tres manzanas del árbol de Hera, yo te sostengo el mundo por un rato.

ALDEANO: Atlas enseguida dijo que sí, porque llevar el mundo sobre los hombros era un trabajo muy pesado.

ATLAS: Te conseguiré las manzanas, pero primero tú tienes que matar al dragón que vive bajo el árbol.

ALDEANO: Hércules apuntó con su arco y mató a la bestia de un flechazo. Después, cargó el mundo para liberar a Atlas. Cuando Atlas se acercó al árbol, las tres ninfas comenzaron a suplicar y lamentarse.

NINFAS: (*a la vez*) ¡No arranques las manzanas! ¡Te lo suplicamos! ¡Cuando vuelva Hera, se pondrá furiosa!

ATLAS: (*sacudiendo la cabeza*) A lo sumo se enojará con *ustedes*... ¡Cuando ella regrese, yo estaré muy lejos!

HÉRCULES: (*al ver a Atlas con las tres manzanas*) ¡Lo lograste, Atlas! ¡Gracias!

ATLAS: (*riendo*) ¡No me agradezcas! No pienso volver a cargar el mundo sobre los hombros. ¡Ahora te toca a ti!

ALDEANO: Pero Hércules estaba preparado para esa respuesta, porque ya la había previsto.

HÉRCULES: ¡Oh, Atlas, me engañaste! Ahora tendrás que llevarle las tres manzanas al rey. Y yo tendré que cargar el mundo sobre los hombros para siempre.

ATLAS: (*jactancioso*) ¡Sí, ha sido un buen engaño!

HÉRCULES: ¿Puedo pedirte un solo favor antes de que te vayas? ¡El mundo es duro y pesado! ¿No lo sostendrías un instante mientras me preparo una almohadilla para los hombros?

ALDEANO: Atlas accedió enseguida. Dejó las manzanas en el suelo y volvió a cargar el mundo sobre sus hombros. Hércules no perdió el tiempo. Tomó las tres manzanas y se alejó a toda prisa.

ATLAS: (*gritando*) ¡Hércules, regresa!

HÉRCULES: Lo siento, Atlas, pero tengo que llevarle estas manzanas al rey. ¡Seguro que lo entiendes!

Cuarta escena

Misión cumplida

Hércules se presenta ante el rey con las tres manzanas de oro.

REY: (*sorprendido*) Pero... Hércules... ¿cómo encontraste el árbol? ¿Cómo burlaste a las tres ninfas y al dragón? ¡Ese trabajo era una misión imposible!

HÉRCULES: (*orgulloso*) Como bien dijiste antes, el trabajo fue un desafío, pero no fue imposible. Fue un sinuoso camino.

REY: (*asustado*) ¡Hera se pondrá furiosa! No puedo quedarme con las manzanas. Voy a pedirle a la diosa Atenea que se las devuelva.

ALDEANO: El rey llamó a Atenea que accedió a devolver las manzanas.

HÉRCULES: Con este, ya van once trabajos cumplidos. ¡Solo me falta uno para que los dioses me concedan el perdón!

REY: Así es, Hércules. Así es... Ahora, si me disculpas, me retiro a pensar en el trabajo número doce.

ALDEANO: Hércules suspiró mientras lo miraba alejarse. Sabía que el rey trataría de buscar el trabajo más difícil de todos. ¿Lograría llevarlo a cabo nuestro héroe? Solo el tiempo podía decirlo.

Respuesta a la lectura

Resumir

Usa detalles importantes para resumir lo que ocurre en *Hércules y las manzanas de oro.*

Pista
↓
Pista
↓
Pista
↓
Tema

Evidencia en el texto

1. ¿Cómo sabes que *Hércules y las manzanas de oro* es un drama? **Género**
2. ¿Cuál es la idea general que relata este drama? **Tema**
3. Usa claves en las oraciones para deducir qué significa la palabra *tareas* en la página 4. **Claves en la oración**
4. Escribe un texto para explicar por qué Hércules fue a buscar las manzanas de Hera. **Escribir sobre la lectura**

Género Texto expositivo

Compara los textos

Lee un texto sobre manzanas de verdad.

Manzanas

Las manzanas se cultivan en todo el mundo. Hay manzanas rojas, amarillas y verdes. Pueden ser dulces o ácidas.

Este árbol da manzanas del tipo *Golden Delicious*.

Un huerto de manzanos se llama manzanar.

Observa las distintas partes de una manzana.

Las manzanas se desarrollan en etapas. Primero se forma un brote en el árbol. En la primavera, el brote florece. Más tarde, parte de la flor se transformará en una manzana.

Muchas manzanas se cultivan mediante injertos. Se siguen estos pasos:

1. **Se corta un brote del árbol.**
2. **Se hace un corte en la corteza de otro árbol.**
3. **Se pela la corteza.**
4. **Se coloca el cabo del brote bajo la corteza.**
5. **Se sujeta con cinta el brote y la corteza.**

Las manzanas son una merienda saludable.

Los seres humanos comen manzanas desde tiempos prehistóricos. Es probable que las manzanas se originaran en el sudoeste de Asia. Los europeos que colonizaron América las trajeron consigo. Este cultivo es muy apreciado en todo el mundo.

Hoy, la mayoría de las manzanas se cultivan en China. Estados Unidos es el segundo productor mundial con aproximadamente 5 millones de toneladas por año.

Haz conexiones

¿Qué nos enseña el mito de Hércules?

Pregunta esencial

¿En qué se diferencian las manzanas de verdad de las manzanas de Hera?

El texto y otros textos

Enfoque: Género

Drama Un drama es un relato que puede representarse en un escenario. Cuenta una historia con diálogos entre personajes. En cada escena se indica dónde ocurre la acción y qué sucede.

Qué buscar *Hércules y las manzanas de oro* es un mito contado como drama. Hércules es un héroe que demuestra fuerza e inteligencia. Atlas es un dios que carga el mundo sobre los hombros. En una escena, el diálogo revela que se engañan uno a otro. Las acotaciones indican cómo habla Atlas después de haber engañado a Hércules.

Tu turno

Planea tu propio drama sobre un dios, una diosa o un héroe del pasado. Piensa un nombre y poderes para tu personaje. Anota dónde transcurre la historia y qué necesita encontrar o hacer tu personaje.